cabu

W0390938

nouveaux LES BEAUFS *sont arrivés !*

Préface
de
Cavanna

Collection
« La bibliothèque du dessinateur »

le cherche midi éditeur
23, rue du Cherche-Midi, 75006 Paris

DU MÊME AUTEUR

Au Cherche Midi Éditeur :

A bas toutes les armées, Tome 2, *1984 (épuisé)*
Les pensées de Francis Blanche (illustrations), *1984 (épuisé)*
Rôti de Beauf, *1985 (épuisé)*

Aux éditions Albin Michel :

Inspecteur la Bavure, en collaboration avec Hugot, *1980 (épuisé)*
Camille-le-Camé contre mon beauf, *1980*
Votez Mère Denis, *1981 (épuisé)*
Mitterrand et son beauf, *1984*
Showbiz, *1986*
Le gros blond avec sa chemise noire, *1988*
Tonton accro, *1988*
A consommer avec modération, *1989*
Mort aux vieux !, *1989*
Cabu au Canard enchaîné, *1989*
Les Interdits de Cabu, en collaboration avec Jérôme Duhamel, *1990*
Tonton-la-Terreur, *1991*
Les abrutis sont parmi nous, *1992*

Chez d'autres éditeurs :

Le Grand Duduche, *Dargaud, 1968*
Le Grand Duduche ("Il lui faudrait une bonne guerre"), *Dargaud, 1970*
Le journal de Catherine, *Le Square, 1971*
Les aventures de Madame Pompidou, *Le Square, 1972*
Le Grand Duduche ("L'ennemi intérieur"), *Le Square, 1973*
Le Grand Duduche en vacances, *Le Square, 1974*
Mon Beauf, *Le Square, 1975 (épuisé)*
Ouvrez le massacre (La démolition de Châlons),
en collaboration avec J.-M. Boëglin, *Le Sagittaire, 1976 (épuisé)*
A bas toutes les armées !, *Le Square, 1977 (épuisé)*
Catherine saute au paf, *Le Square, 1978*
La France des beaufs, *Le Square, 1979*
Maraboud'ficelle, en collaboration avec W. Leymergie, *Dargaud, 1980*
Le Grand Duduche et la fille du proviseur, *Dargaud, 1980*
A bas la mode !, *Dargaud, 1981*
Les mots du vin, en collaboration avec Chevalier, *Belin, 1983*
Bien dégagé sur les oreilles, *La Découverte, 1985*
Le nez de Dorothée, *Éditions AB, 1986 (épuisé)*
Plutôt Russe que mort, textes de Claude-Marie Vadrot, *Le Seuil, 1987*
Un Japonais à Paris, en collaboration avec J.-G. Richard, *Belfond, 1988*
Tonton 1er, en collaboration avec Jérôme Duhamel, *Belfond, 1988*
Trenet, le siècle en chantant, de Richard Cannavo, (illustrations), *Hidalgo éditeur, 1989*
Cabu passe aux aveux, *J.-C. Godefroy, 1990*
Cabu en Amérique, *Le Seuil, 1990*
Sauve qui peut à l'Est, textes de Jean-Claude Guillebaud, *Le Seuil, 1991*

Édition originale

D'UN BEAUF À L'AUTRE

Il est d'usage que la créature dévore le créateur. Monsieur Prudhomme, paraît-il — je n'y étais pas —, dévora Henri Monnier, son créateur. Monnier s'était mis à ressembler à son monstre, était devenu la caricature de sa caricature. Cabu, l'inventeur du Beauf, est-il devenu lui-même un beauf ? Là, je peux répondre. Et c'est non.

Si l'une de ses créatures a bouffé Cabu tout vivant, ce n'est pas le hideux Beauf, mais bien le grand Duduche. A moins que ne se soit produit le phénomène inverse : Duduche, projection de Cabu sur le papier. Cabu est Duduche une fois pour toutes, il n'a plus bougé de ses dix-sept ans, il est potache ahuri-ricanant *ad vitam æternam.*

Histoire naturelle du Beauf. D'abord, qu'est-ce que le Beauf ? Étymologiquement, c'est le beau-frère, mot-valise condensé par le parler des faubourgs. Pourquoi le beau-frère ? Là, si vous n'êtes pas de la planète qui gravite autour des zincs de quartier, vous n'allez rien comprendre. Je vais essayer de vous faire toucher du doigt. Un gars dit à un autre :
— Ah, non, samedi, je peux pas, j'ai promis à mon beauf. Tu comprends, la semaine dernière, il m'a aidé à repeindre ma cuisine, alors, ce week-end, je lui donne un coup de main pour son déménagement.

Voilà. A travers ce bel exemple de la solidarité à l'intérieur de la famille française, vous pouvez mesurer l'importance du Beauf. En fait, le Beauf, c'est surtout "mon" Beauf.

Le mot a séduit Cabu. Il en a fait le symbole vivant du sale con ordinaire qui se croit brave type, de l'épais primaire avaleur d'information prédigérée qui porte sur toute chose des jugements péremptoires qu'il croit originaux et qui ne sont que l'écho stéréotypé de ce qu'il y a de plus rétrograde, de plus conforme, de plus moutonnier et de

L'AN 2000
TOUT DE SUITE !

plus féroce dans la population, ce qu'on appelle "la France profonde" quand on vient la flatter et "la fosse à purin" quand on ne brigue pas ses suffrages.

Le XIXe siècle eut M. Prudhomme, le pharmacien Homais, Bouvard et Pécuchet... Prototypes de la connerie satisfaite et sentencieuse, c'étaient cependant des cerveaux, comparés à nos actuels Beaufs. Car ce n'est plus la petite bourgeoisie semi-instruite qui donne le ton de la bêtise triomphante, mais la grande gueule de bistrot.

Le Beauf a pour lui tout ce que l'imbécile standard a spontanément : il est tout naturellement raciste, chauvin, braillard, roublard, lâche, sournois, tricheur, sexiste, salace, ancien combattant qui en redemande, supporter sportif, chasseur, pêcheur à la ligne, aficionado... Il ne se drogue pas, lui, il picole, et rien que du naturel, attention ! Il est au courant de tout, connaît les noms et les amours des chanteurs, des champions, des princesses, car il lit "Paris-Match". Vachement jeune, il est, pas comme les jeunes de maintenant. Il sait ce qu'il leur faudrait, aux jeunes de maintenant : un bon coup de pied au cul et, cela va de soi, une bonne guerre. Il pleure devant les infirmes du Téléthon au petit écran et râle contre ce con qui lui barre le trottoir avec sa petite voiture d'infirme. Il est gras du bide, il a de la couperose et une moustache de C.R.S. Il est marié à une mégère à varices et il bande devant les salopes de la pub, tout en les traitant de salopes, bien sûr...

Cabu ! Cabu ! Ton Beauf date. Ce monstre est déjà dépassé. Le nouveau Beauf porte des costards Cardin, joue au golf, est classé au tennis, sait déjeuner, prend l'avion chaque matin, l'attaché-case pendu au bout du bras. Il fait du body-building et s'y connaît en jazz de la grande époque, sa mémère se fait lifter la gueule périodiquement, suit un régime et joue au bridge.

Eh, oui. C'est comme tout. La connerie n'évolue pas, mais elle change d'allure. L'idéal de l'homme bien dans son époque : être con, totalement, délicieusement, mais con dans le vent. Quoi de plus ringard que l'intelligence ?

CAVANNA.

AUJOURD'HUI MON BEAUF A CHANGÉ

EN 81
JE RASAIS LES MURS
JE SUIS UN CON !
AUJOURD'HUI
JE SUIS UN SONDÉ
EN 81
JE N'OSAIS MÊME PAS ÊTRE XÉNOPHOBE
AUJOURD'HUI
J'OSE EXPRIMER MA SUPÉRIORITÉ RACIALE
EN 81
J'ÉTAIS SUPPORTER EN CACHETTE
TROMPETTE BOUCHÉE
AUJOURD'HUI
JE SUIS PRÉSIDENT DU LOBBY DES SUPPORTERS

EN 81
J'ÉTAIS MACHO MAIS J'AVAIS HONTE...
AUJOURD'HUI
J'OSE AFFIRMER MA SUPRÉMATIE DE MÂLE
EN 81
JE ME CACHAIS POUR JOUER AU P.M.U.
C'ÉTAIT POUR L'AMÉLIORATION DE LA RACE CHEVALINE
AUJOURD'HUI
JE M'ADONNE À MON VICE TOUS LES JOURS
C'EST POUR L'AMÉLIORATION DE LA RACE DES BEAUFS
EN 81
MA PENSÉE ÉTAIT CONFUSE
AUJOURD'HUI
JE SUIS DEVENU TAGGER...
Beauf
ET DÉCORÉ PAR JACK LANG !

ON NE DIT PLUS...
...FACTEUR
ON DIT: "PRÉPOSÉ"
...COIFFEUR
ON DIT: "CAPILLICULTEUR"
...CONCIERGE
GARDIEN
ON DIT "GARDIEN"
...MILITAIRE
ON DIT "COOPÉRANT"

ÉCOLE : COMMENT JE SUIS DEVENU UN BEAUF...

J'ÉTAIS UN BON ÉLÈVE ! SI !
« UN ESPRIT OUVERT À L'UNIVERSEL, AUX RICHESSES DU PASSÉ ET AUX SECRETS DU FUTUR » DISAIT MON PROF
Voltaire
esprit critique
GRÂCE À LUI, J'AI FAIT L'APPRENTISSAGE DE L'ART ET L'ÉDUCATION DE LA SENSIBILITÉ
Mozart
J'AI MÊME FAIT OPTION POTERIE...
MAIS APRÈS LE LYCÉE, J'AI TRAVAILLÉ DANS UNE USINE D'ARMEMENT...
...ET LÀ, TOUT S'EST GÂTÉ...
POUR GARDER MON EMPLOI, J'AI DÛ METTRE DE CÔTÉ TOUT CE QUE J'AI APPRIS...
Trop de sensibilité
pleure en fabriquant ses obus
trop d'esprit critique
remet en cause nos cadences
trop ouvert sur les secrets du futur
risque d'espionnage industriel

LES MÉDECINS CRIENT MISÈRE !
33 33 33
34, 35, 36...

ENCORE PLUS FORT !

La traversée de l'Atlantique en caravane !

QUELLE POLLUTION ?

ON VA CREVER !
ON PEUT QUAND MÊME ARRÊTER LES BAGNOLES À DEUX MOIS DES MUNICIPALES !
ET LES POTS CATALYTIQUES ?
ÇA PÉNALISE NOTRE COMMERCE EXTÉRIEUR
D'ABORD, C'EST PAS DE MA FAUTE
C'EST LA FAUTE À LA MÉTÉO !
ET AVEC MA VIE DE CON, J'M'EN FOUS DE CREVER
VOUS TROUVEZ QUE LA VIE EST SI BELLE QU'IL FAILLE VOUS BATTRE POUR LA CONSERVER ?.. MAIS VOUS ÊTES UN PRIVILÉGIÉ INSENSÉ !!
L'AUTOMOBILE EST UN ACQUIS DE 1789 !... CONTRE LES PRIVILÉGIÉS COMME VOUS !
VRAOU

30 MILLIARDS
POUR CRÉER DES EMPLOIS
C'EST TOUJOURS LES MÊMES QUI S'EN METTENT PLEIN LES POCHES !

hier
REALITY-SHOW
aujourd'hui
Reine d'un Jour
MERDE D'UN JOUR

LA RÉVOLUTION CHEZ MON BEAUF !

CI-DEVANT PAPA ! VOICI NOTRE CAHIER DE DOLÉANCES !
NOUS VOULONS SORTIR LE SOIR AVEC DES FILLES...
CONFORAMA
...EN BUVANT DU COCA-COLA AVEC UN WALKMAN !
NOUS VOULONS DES PRÉSERVATIFS EN COULEURS ET QUI JOUENT LA CARMAGNOLE !
À PÉKIN, ON FUSILLE POUR MOINS QUE ÇA !
PETITS SALOPARDS ! JE FAIS APPEL À L'ARMÉE POUR VOUS MATER !
À LA RENTRÉE, JE VOUS INSCRIS AUX ENFANTS DE TROUPE !

Y'A MÊME DES FEMMES TONDUES !
PARDON ! NOUS SOMMES DES PUNKS !

ANNIVERSAIRE DE LA LIBÉRATION

RECENSEMENT
NOUS AVONS DONC DIT... UNE FEMME !

ON NE PEUT PLUS CHASSER LA BALEINE...ÇA FAIT PLEURER LES PETITS NENFANTS!
ON NE PEUT PLUS VOIR LE FILM DE SCORSESE...
TANT PIS ! J'VAIS REGARDER LE FILM PORNO !
ON NE PEUT PLUS VOIR LE FILM PORNO À 20H30
ON NE PEUT PLUS FAIRE SAUTER SES CONTREDANSES...
TENEZ ! J'VOUS PAYE EN NATURE ! PRENEZ MA VIEILLE CAISSE !
ON NE PEUT PLUS COMPTER SUR L'ÉQUIPE DE FRANCE DE FOOTBALL
L'ÉQUIPE DES HANDICAPÉS JOUE MIEUX QUE VOUS !
ON NE PEUT PLUS PRENDRE L'AUTOROUTE À CONTRESENS POUR RIGOLER
NON, LES BRAVES GENS N'AIMENT PAS QUE L'ON SUIVE UNE AUTRE ROUTE QU'EUX...
ON NE PEUT PLUS COMPTER SUR LA PILULE DU LENDEMAIN: LE COURRIER N'ARRIVE PAS !
TIENS ! COMME LETTRE DE CHÂTEAU, DEMAIN TU RECEVRAS DU R.U. 486 !
ON NE PEUT PLUS ! ON NE PEUT PLUS ! MAIS SI ! MAIS SI ! SUFFIT DE VOULOIR ...ON PEUT ENCORE ÊTRE CONS !
VRAIMENT ?
C'EST DANS LA DÉCLARATION DES DROITS DE L'HOMME !

LES LIBERTÉS SONT MENACÉES !

PAYEZ VOS IMPOTS DE BON COEUR...
PENSEZ AUX MILITAIRES
EH ! PAS DE TRICHE, HEIN ? FAUT QUE JE M'ACHÈTE MA TENUE DE SOIRÉE POUR LE BAL DE L'ARMEMENT !

SAUVEZ UNE ESPÈCE EN VOIE DE DISPARITION
ADOPTEZ UN PETIT COMMUNISTE !

ON S'EN SOUVIENDRA DES VACANCES DU BICENTENAIRE !

ON A TOUT EU !..
LES "BANG-BANG" DES MIRAGE
ON A MÊME DANSÉ LE "LAMBADA" !
LES SERINGUES
LA FOUDRE, LA GRÊLE LES FRELONS
LA FERIA !
LE REFUS DE PRIORITÉ
CRÊPES
UN CERTAIN CÉSAR QUI NOUS A FAIT DES PROPOSITIONS
COMPRESSÉS ?
LE CONVOI MILITAIRE
RÉSULTAT
LA BASSINE À FRITES
ET MÊME LES ENFANTS DES ÉCOLES QUI ONT DÉCORÉ MA CARAVANE EN BASTILLE !

ADJUDANT KRONENBOURG : BIENTÔT UNE PRIME D'ÉTALON ?

JE RÉCAPITULE TOUTES MES PRIMES DE MILITAIRE DANS LE GOLFE...
PRIME DE DÉCAPSULEUR
PRIME DE SABLE DANS LE DUVET
PRIME DE PROMISCUITÉ : ON EST COINCÉS ENTRE LES IRAKIENS ET LES SYRIENS
BIENTÔT DIEN-BIEN-PHU ?
PRIME D'ÉLONGATION
AVEC LA CHALEUR ON ALLONGE...
PRIME DE RACCOURCISSEMENT...
AVEC L'ABSTINENCE, ÇA RÉTRÉCIT !
ÇA FAIT UN BON PETIT CHÈQUE POUR MA FEMME
GUICHET
JE SUIS UN IMMIGRÉ DU GOLFE QUI ENVOIE SON ARGENT EN FRANCE...
ET BIENTÔT, COMME LES G.I's, J'ENVERRAI...
MOI, C'EST VERS LE MAGHREB !
AVEC MA PAYE, MON ÉPROUVETTE D'INSÉMINATION ARTIFICIELLE...

PSY !

VACANCES
IL Y A MOINS D'ABANDON D'ANIMAUX
L'OUVRE-BOÎTE EST DANS LE TIROIR. SALUT !

LA TÉLÉVISION FRANÇAISE EST LA MEILLEURE DU MONDE

NON! LA TÉLÉVISION FRANÇAISE NE S'ADRESSE PAS À MON BAS-VENTRE!..
...MAIS À MON COEUR... MAIS À MON INTELLIGENCE
MAGIC DERLICH
...À MA SENSIBILITÉ...
...À MA RÉFLEXION À MON ESPRIT CRITIQUE...
SIMPLEMENT, LE SAMEDI JE ME REPOSE LA TÊTE EN REGARDANT LE FILM PORNO...
JE T'AI DÉJA DIT DE METTRE TON PANTALON DE PYJAMA!

MON BEAUF EST UN DANGEREUX ANARCHISTE

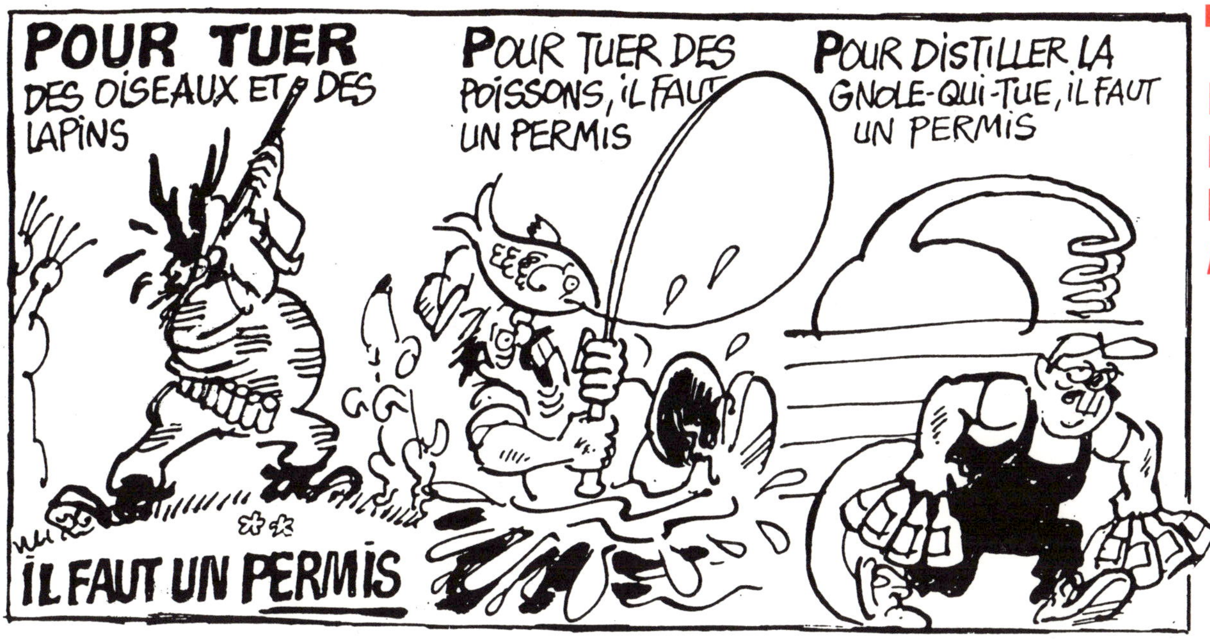
POUR TUER DES OISEAUX ET DES LAPINS
IL FAUT UN PERMIS
POUR TUER DES POISSONS, IL FAUT UN PERMIS
POUR DISTILLER LA GNOLE-QUI-TUE, IL FAUT UN PERMIS

POUR PRENDRE L'AUTOROUTE À CONTRE SENS ET TUER QUATRE PERSONNES, IL FAUT UN PERMIS
MÊME POUR ÇA, BIENTÔT VA FALLOIR UN PERMIS !
MAIS POUR VOTER MAIS POUR TUER LA DÉMOCRATIE PAS BESOIN DE PERMIS !
MOI JE BRACONNE !

EMBAUCHEZ UN APPRENTI !
BOUCHERS EN COLÈRE
ABATTOIR
BRR!.. JE NE VOUDRAIS PAS LES RENCONTRER AU COIN D'UN BOIS !
ME RAMÈNE PAS DE LA BIBINE SINON JE TE FOUS À LA PORTE !

FAUT-IL DIALOGUER AVEC MON BEAUF ?

D'ACCORD !... POUR UNE FOIS, NE PARLONS PAS DE CE QUI DIVISE...
TABAC
ANTI-TABAC
CHASSE
ANTI-CHASSE
NUCLÉAIRE
ANTI-NUCLÉAIRE
CALEÇON LONG
CALEÇON COURT
CORRIDA
ANTI-CORRIDA
EAU GAZEUSE
EAU PLATE
PARLONS PLUTOT DE CE QUI RAPPROCHE : LE PEN !
1 FRANÇAIS SUR 3 APPROUVE LES IDÉES DE LE PEN
HITLER EST ARRIVÉ AU POUVOIR AVEC 33 % DES VOIX...
LES 2 AUTRES POURRONT S'EXILER

Un tribunal de militaires jugeant un objecteur ...

MON BEAUF ET LE SONDAGE

CES JEUNES "RECENTRÉS", ÇA DEVRAIT ME RASSURER...
A 1 AN 1/2, ILS SAVENT RECONNAITRE CHANTAL GOYA...
...DE DOROTHÉE EN ZAPPANT
À 2 ANS, ILS ONT LEUR PREMIER WALKMAN
À 4 ANS, ILS ONT LES ÉLECTRODES BRANCHÉES DIRECTEMENT SUR LES NEURONES
A 6 ANS, ILS FLANQUENT LA VÉROLE AUX ORDINATEURS DE LA FORCE DE FRAPPE
A 10 ANS, ILS CONDUISENT
CADEAU POUR TOI
Pif GADGET
UN PRÉSERVATIF
À 8 ANS, ILS ONT FAIT LE TOUR DE L'AMOUR
À 12 ANS, ILS FONT UNE O.P.A. SUR LES SICAV DE PAPA...
ET À 20 ANS, ILS SONT AUSSI CONS QUE MOI... À 50 !
J'AI PEUR : COMMENT SERONT-ILS DANS 20 ANS ?

...C'EST COMME SI
un tribunal de violeurs
jugeait une violée !

C'EST DANS LES VIEUX POTS...

OUI, MONSIEUR ! LES GENS QUI COMPTENT SE RELOOKENT RÉGULIÈREMENT...
CE SONT TOUS MES CLIENTS...
MON SECRET ?
PATRICK SABATIER
AVEC DES TÊTES DE TOUS LES JOURS, JE FAIS DES TÊTES ENDIMANCHÉES...
ENRICO MACIAS
CHOISISSEZ !
P.P.D.A
JEANNE MAS
L'ADJUDANT RAMBO DE MOURMELON
JACQUES MARTIN
BELMONDO
EUH... J'AI PEUR QUE TOUT ÇA SE DÉMODE... FINALEMENT, JE VAIS PRENDRE DU CLASSIQUE
JEAN MARIE LE PEN
AH !... MONSIEUR A APPORTÉ SON MODÈLE, COMME VOUS VOULEZ, MONSIEUR LE CLIENT EST ROI

LE LYCÉE REND CON
HEUREUSEMENT, APRÈS, Y'A L'ARMÉE !

EN ANGLETERRE, POUR FAIRE UN FLIC, IL FAUT 3 ANS
EN FRANCE, POUR FAIRE UN FLIC, IL FAUT 3 MOIS
DES MUSCLES EN 30 JOURS !

LE POINT G... COMME GRAND-MÈRE

ENFIN ! AVEC LE NOUVEAU LOOK DES COUREURS CYCLISTES, JE SUIS SEXY...
...J'AI MES CHANCES AUPRÈS DE LA COIFFEUSE DE MES RÊVES...
JE SUIS UNE BOMBE SEXUEEEEEEEE
UN OBUS DE LA GUERRE 14 !
EEEEEEEEEEEEEEEEEEEE
MAISON D
RETRAIT
N'AYEZ PAS PEUR ! JE SUIS DÉSAMORCÉ !

SUPPRIMEZ LES BOUCHES INUTILES !
VIENS LE DIRE ICI !

ENFIN ! UNE FEMME PROMUE GÉNÉRAL
J'AI GAGNÉ MES GALONS AU FEU !

NON AUX CLANDESTINS, OUI AUX CLANDESTINES !

MA RÉGULIÈRE
MA RÉGULIÈRE DÉPASSE LE SEUIL DE TOLÉRANCE
MA RÉGULIÈRE ME FAIT LA DANSE DES CANARDS...
MA RÉGULIÈRE M'IMPOSE LE REGROUPEMENT FAMILIAL...
MA RÉGULIÈRE CHANTE LA MARSEILLAISE EN FAISANT DU BOUDIN
QU'UN SANG IMPUR ABREUVE NOS SILLONS
MA RÉGULIÈRE N'EST PAS ADMISE EN BOÎTE
TROP MOCHE !
AVEC MA RÉGULIÈRE, JE VOUDRAIS ÊTRE CONDAMNÉ À PASSER TOUTES MES NUITS EN PRISON

MA CLANDESTINE
MA CLANDESTINE ? JE SUPPORTE BIEN LE BRUIT ET L'ODEUR !
MA CLANDESTINE ME FAIT LA DANSE DU VENTRE ...
... C'EST QUAND MÊME AUTRE CHOSE !
MA CLANDESTINE, PAS QUESTION DE FAIRE VENIR SA FAMILLE...
MA CLANDESTINE AUSSI, EN CUISINANT SES MERGUEZ
COCHON IMPUR ABREUVE NOS SILLONS
MA CLANDESTINE M'OUVRE TOUTES LES PORTES...
AVEC MA CLANDESTINE, ÇA Y EST JE SUIS CONDAMNÉ AUX MILLE ET UNE NUITS !

POUR OUBLIER SES PETITS SOUCIS, MON BEAUF RÊVE D'ÉVASION...

MON BEAUF SUR LA RIVIERA

HOTEL
complet
COMPLET
MPLET
PLET
COMPLET
BONSOIR MON PÈRE ! C'EST BIEN LE COUVENT QUI A ABRITÉ MONSIEUR PAUL TOUVIER ...
POURRIONS-NOUS AVOIR UNE CHAMBRE POUR LA NUIT ? JE SUIS UN AN-CIEN D'ALGÉR
JE VOTE JEA
LE PEN, J'A
SYMPATHIE
PÉTAIN E
Z'EST GOMPLET ! NOUS AFONS UN CAR T'ANZIENS OFFIZIERS ALLEMANDS ...
YA !

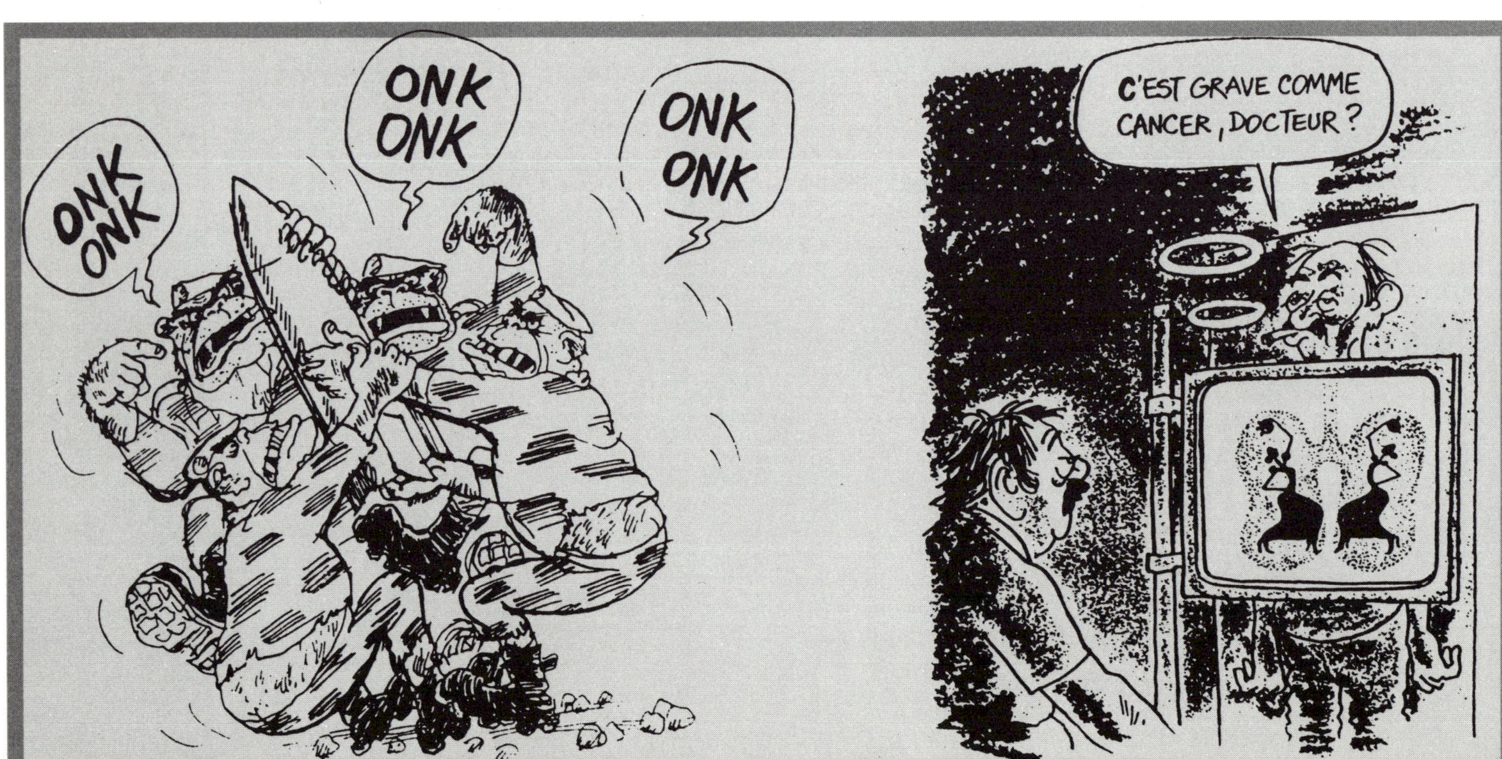

ONK ONK
ONK ONK
ONK ONK
C'EST GRAVE COMME CANCER, DOCTEUR ?

QUAND EST-CE QU'ELLE OUVRE, LA CHASSE À L'OURS ?

JE L'AI PRIS POUR UN PERDREAU !
JE L'AI PRIS POUR UN FAISAN !
JE L'AI PRIS POUR UN HIPPOPOTAME
AVANT, ON AVAIT DES CIRCONSTANCES ATTÉNUANTES
MAINTENANT, IL Y A LES NOUVEAUX GARDES-CHASSES.
ESPÈCES MENACÉES
AVEC EUX, ON N'A PLUS LE DROIT DE RIEN FAIRE
EN CAS DE BAVURE ON N'A PLUS BEAUCOUP D'EXCUSE...
JE L'AI PRIS POUR UN ÉCOLO !

CONCOURS DE PLAGE DE PLAYBOY
TESTEZ VOTRE SEXUALITÉ
TRÈS BIEN
BIEN
MÉDIOCRE
NÉANT

GASPILLAGE: CERTAINS ABUSENT
JE CLAQUE TOUT MON S.M.I.C !

TOUT SUR L'EUROPE !

HYPOCRITE COMME UN BEAUF ANGLAIS
ABRUTI COMME UN BEAUF BELGE
TRAITRE COMME UN BEAUF ITALIEN
ENNUYEUX COMME UN BEAUF SUÉDOIS
CYCLISTE COMME UN BEAUF HOLLANDAIS
MACHO COMME UN BEAUF GREC
OU COMME UN DANOIS...
BOURRÉ COMME UN BEAUF ALLEMAND
HYPOCRITE ABRUTI TRAITRE ENNUYEUX CYCLISTE MACHO BOURRÉ MÉCHANT SALE... JE L'ÉTAIS DÉJA !
MÉCHANT COMME UN BEAUF ESPAGNOL
SALE COMME UN BEAUF PORTUGAIS
SANS OUBLIER LE PAVILLON DE COMPLAISANCE LUXEMBOURGEOIS
JE NE VOIS PAS CE QUE L'EUROPE PEUT M'APPORTER !

DROIT DE VOTE À 18 ANS
POURQUOI PAS LES ARABES ALORS ?
PAPA PENSE À MOI
LARGUE PAS LA BOMBE !

CETTE ANNÉE, LA FÊTE DE L'ÉCOLE LIBRE DE MON FILS A POUR THÈME :
LA RÉVOLUTION
LES HORREURS DE LA RÉVOLUTION
PETITE PRÉCISION !
LA SOI-DISANT LIBERTÉ
LES PRÊTRES ASSERMENTÉS CONTRAINTS DE SE MARIER AVEC LEUR BONNE ! C'EST UNE HONTE !
LA SOI-DISANT ÉGALITÉ
LES NOBLES DÉPOUILLÉS DE LEURS JUSTES PRIVILÈGES ! C'EST UNE HONTE !
LA SOI-DISANT FRATERNITÉ
LES RICHES ÉMIGRANTS CHASSÉS ET REMPLACÉS PAR DES IMMIGRÉS LOQUETEUX ET COSMOPOLITES ! C'EST UNE HONTE !
ROBESPIERRE C'EST M... MON FILS !
TU VOIS CE QUE C'EST D'ÊTRE UN CANCRE !.. OBLIGÉ DE FAIRE ROBESPIERRE !... ET CONDAMNÉ À SE FAIRE CASSER LA GUEULE EN COULISSE !!

VIVE LE BICENTENAIRE ! (DU PUY-DU FOU)

FILS DE VIEUX ET VIEUX MOI-MÊME
MAJORITÉ 18 ANS

FAUT-IL DISSOUDRE LA LÉGION ?
NON ! TANT QU'IL RESTERA UN SEUL CIVIL !

JE NE SUIS PLUS LE SOSIE DE JACQUES MÉDECIN !

ÇA VA MAL !
MES PLANTES VERTES N'ONT PAS PASSÉ L'ÉTÉ
ON PARLE DE COUPER LE ROBINET...
ÇA VA TRÈS MAL !
LA BOURSE S'EFFONDRE !
CHAQUE FOIS ÇA ME FAIT MAL !
MON ÉPICIER ARABE ÉVOQUE LES TICKETS DE RATIONNEMENT...
J'AIME PAS L'HUMOUR ARABE
HAROUN TAZIEFF ESSAYE BIEN DE NOUS RASSURER AU SUJET DU TROU D'OZONE
MAIS ÇA ME REND ENCORE PLUS TRISTE DE LE VOIR DANS CET ÉTAT-LÀ !
Y A QUE LES MILITAIRES QUI SONT HEUREUX : ILS ME PRENNENT POUR SADDAM HUSSEIN
MERCI SADDAM ! GRÂCE À TOI ON NE PARLE PLUS DE CETTE SALOPERIE DE DÉSARMEMENT !!

MITTERRAND AU CHEVET DE MARCHAIS
J'AI PAS DEMANDÉ UN PRÊTRE !

CHAMPIONNAT DE PÉTANQUE CHEZ LES NUDISTES

30 ANS DE MARIAGE

L'AMANT DE ROCK HUDSON A OBTENU 14 MILLIARDS...
...DE DOMMAGES ET INTÉRÊTS...
TIENS !.. MOI AUSSI JE POURRAIS LUI EN DEMANDER, DES DOMMAGES ET INTÉRÊTS...
ELLE M'A FAIT CROIRE QU'ELLE ÉTAIT BRIGITTE BARDOT... ET J'AI ÉPOUSÉ UNE LESSIVEUSE !
IL M'A FAIT CROIRE QU'IL ÉTAIT BERNARD TAPIE... ET J'AI ÉPOUSÉ UNE CARPETTE !
BON ! TRANSIGEONS ! JE FAIS LA VAISSELLE MAIS TU DESCENDS LA POUBELLE !
J'EN PARLERAI À MON AVOCAT !

IL JOUE AU PARIS-LE CAP DANS LA CAISSE À CHAT !
NE CONTRARIE PAS SA VOCATION !

MON BEAUF EN PLEINE RÉGRESSION INFANTILE

CE QUE JE PRÉFÈRE DANS LE JOURNAL C'EST LE CARNET !
MOI AUSSI !
LE FIGARO
JOHNNY ÉPOUSE UNE JEUNESSE
C'EST MONTAND QUI M'A DONNÉ L'IDÉE !

SI TU ME TROMPES JE TE TUE !!
BIENTÔT UN MARIAGE À L'ÉCOLE DES FANS ?

BIGEARD SE DÉVOUE POUR PERPÉTUER LES TRADITIONS MILITAIRES
JE VAIS VOUS PASSER LES COUILLES AU CIRAGE, BANDE DE BLEUBITES !

COMMENT FAIRE QUAND ON A UNE FEMME JALOUSE ?
JE VIENS D'INVENTER LA MARIÉE-ÉPROUVETTE !
- C'EST MOINS VOYANT !

TU VEUX PAS ME DIRE COMMENT METTRE UN PRÉSERVATIF, P'PA?
BON ! J'VAIS DEMANDER AUX PROFS...
PROF DE MATHS
REVISEZ LA MÉTHODE DES ENSEMBLES
PROF DE PHILO
REGARDEZ LES CHENILLES TISSER LEUR COCON..
PROF DE MUSIQUE
ACHETEZ UN PRÉSERVATIF MUSICAL AVEC LA PARTITION...
M. L'AUMÔNIER
RELISEZ LE "CANTIQUE DES CANTIQUES"!...
PROF DE SCIENCES-NAT
HEU
ENFIN LA LINGÈRE !
D'ABORD, PRENEZ DU 42...
...VOUS SEREZ PLUS À L'AISE !
MAINTENANT JE SAIS METTRE UN PRÉSERVATIF, P'PA...
TU POURRAIS PAS ME TROUVER UNE NANA?

FAUT TOUT LEUR MÂCHER ?...

LES ATHLÈTES AFGHANS IRONT-ILS AUX PROCHAINS JEUX OLYMPIQUES?
JE ME TÂTE...

LE TROU DE LA SÉCU
INQUIÈTE LES TRAVAILLEURS
...EST-CE QU'IL A DU POIL AUTOUR?

HIER SULTAN AUJOURD'HUI CONSULTANT

LA TÉLÉ AURA BIENTÔT ÉPUISÉ TOUT SON STOCK DE GÉNÉRAUX...
UN JOUR PROCHAIN C'EST VOUS QUI SEREZ INVITÉ POUR PARLER DU GOLFE...
ÇA S'ARROSE !
IL FAUT VOUS ENTRAINER ...
CUL-SEC !
JE VAIS FAIRE POIVRE D'ARVOR ET JE VAIS VOUS POSER QUELQUES QUESTIONS ...
ADJUDANT KRONEMBOURG BONJOUR !.. MERCI D'ÊTRE VENU EN DIRECT
AFFIRMATIF !
VOUS QUI CONNAISSEZ BIEN LES ARABES, COMMENT...
ARABES ? QUAND J'ENTENDS LE MOT "ARABES"...
JE NE PEUX MÊME PAS TRADUIRE ÇA ......
C'EST TROP MALPOLI !
BON... UNE QUESTION PUREMENT MILITAIRE...
J'AI SOIF !
NOTRE ARMADA EST-ELLE OPÉRATIONNELLE ?
NÉGATIF ! LE CLÉMENCEAU N'EST PAS RAVITAILLÉ PAR LE KRONEMBOURG !
KRONEMBOURG

APPROCHEZ ! C'EST PAS CONTAGIEUX !

T'AS PAS CENT BALLES ?

QUOI ? J'HABITE UNE VILLE PAUVRE ET ON NE M'AVAIT RIEN DIT !
J'AVAIS BIEN REMARQUÉ QUELQUES SIGNES...
VILLE RICHE
CENTRALE NUCLÉAIRE
VILLE PAUVRE
DÉPÔT DE DÉCHETS RADIOACTIFS
VILLE RICHE
VALSES DE VIENNE
VILLE PAUVRE
RAP DU BRONX
VILLE RICHE
SORTIE DE LA GD MESSE
VILLE PAUVRE
SORTIE DE LA MOSQUÉE EN CARTON

DES FAUSSES FACTURES DANS LES VILLES RICHES
ET DES VRAIES DANS LES VILLES PAUVRES
VILLE RICHE
SANISETTES ET VASQUES
VILLE PAUVRE
VASQUES SEULEMENT
VILLE RICHE
CLINIQUE DE RAJEUNISSEMENT
VILLE PAUVRE
RECYCLAGE DES ORDURES
VILLE RICHE
GUIGNOL
VILLE PAUVRE
MAIS Y A UN CONSENSUS RÉCONFORTANT ENTRE VILLES RICHES ET VILLES PAUVRES
C'EST QU'Y A AUTANT DE RACISME PARTOUT !
UN PEU RACISTES

... A ÉVENTRÉ UNE VIEILLE DAME ENNEMIE AU MÉPRIS DU DANGER !
TIENS ! C'EST VRAI !... Y'A LONGTEMPS QUE J'AI PAS ÉTÉ RUE ST DENIS...
LA JOURNÉE DE LA FEMME

ASSEZ DE VACANCES PÉPÈRES ! CETTE ANNÉE, ON VA S'ÉCLATER !
USHUA
...DU PARAPENTE CHEZ LES KURDES,
AH ! AH ! CELUI-LÀ, IL ATTENDAIT UNE CAISSE DE JAMBON !
DU RAFTING
DANS LE CIRCUIT DE REFROIDISSEMENT DE TCHERNOBYL !
DU CAMPING SAUVAGE DANS LES COURS DE CASERNE EN IRAK ET AU KOWEIT
SANS BOULES QUIES !...
C'EST DUR AVEC LES BRUITS DE TORTURE !
ET...
...DE L'ESCALADE À MAINS NUES EN IRAN...
ET VOUS, ADJUDANT KRONENBOURG
MOI, JE VAIS FAIRE DE LA POLITIQUE, COMME LE GENERAL SCHWARZKOPF...
ET PENDANT MES VACANCES, JE VAIS ENTOURER...
DRANCY
...DE BARBELÉS TOUTES LES BANLIEUES-GHETTOS !

OUF ! JE NE SERAI DÉJA PAS GUILLOTINÉ !
PEINE DE MORT ABOLIE

CANCER
DEMANDEZ LE PROGRAMME !

TES PARENTS SONT DANS LA SALLE, HEIN MON CHÉRI ?
VOUI !...ILS SONT LÀ !
ET TA MAMAN, C'EST UNE BONNE CUISINIÈRE ?
OUI, LE LUNDI, ELLE ME FAIT DES RAVIOLIS...
...ET LE MARDI ?
LE MARDI, DES FRITES !
...ET LE MERCREDI ?
LE MERCREDI ... SANDWICH PARCE QUE MAMAN ELLE RESTE AU LIT TOUTE LA JOURNÉE AVEC MON TONTON !
COUPEZ !

DES CRÈCHES
DES LYCÉES
DES PISCINES
DES CASERNES
DES CENTRALES NUCLÉAIRES
DES DISNEYLAND
...ET DES PIN'S ?

MON BEAUF DÉNONCE LES INÉGALITÉS

VOUS AVEZ DU POT, VOUS, LES JEUNES !
MOI, J'AI DROIT AUX VACANCES À MERLIN-PLAGE...
VOUS, ON VOUS PAYE...
...DES CROISIÈRES SUR DES TROIS-MÂTS...
J'SUPPORTE PAS LA NAUTAMINE !
...DES CROISIÈRES MIXTES
ON VOUS PAYE DES STAGES-THÉÂTRE MIXTES...
ET DES STAGES MOTO VERTE
MIXTES
TOUT ÇA POUR VOUS DÉSINTOXIQUER C'EST PAS JUSTE ! MOI AUSSI J'VEUX VOYAGER ! J'ME METS AUX DROGUES DURES !!

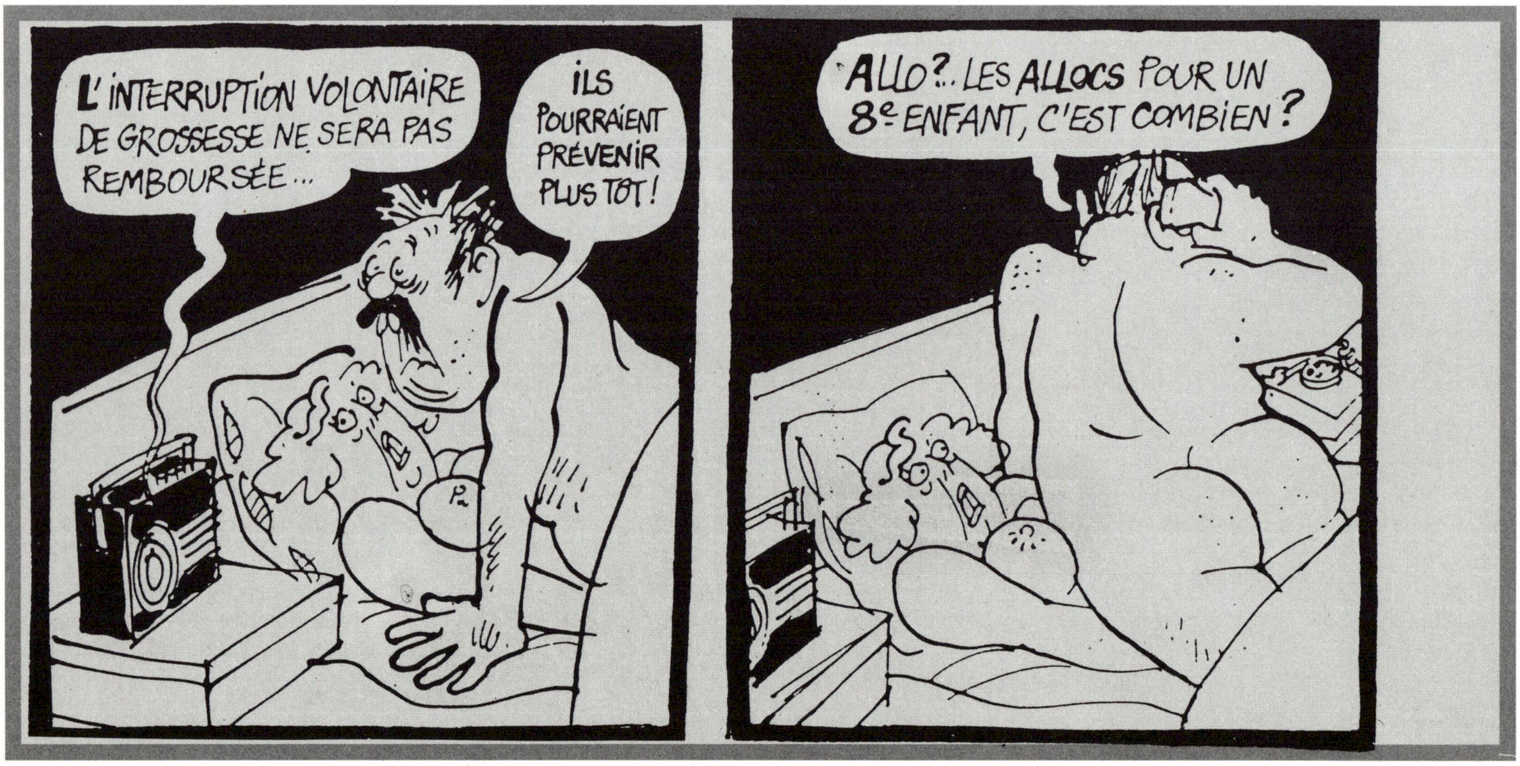

L'INTERRUPTION VOLONTAIRE DE GROSSESSE NE SERA PAS REMBOURSÉE...
ILS POURRAIENT PRÉVENIR PLUS TÔT !
ALLO ?.. LES ALLOCS POUR UN 8e ENFANT, C'EST COMBIEN ?

INTÉGRATION : HEUREUSEMENT, Y A LES BANQUIERS !

NON !
EMBAUCHE
NON !
AFÉ DE LA PAIX
NON!
NON!
ISCOTHÈQUE
CREDIT LYONNA
LE POUVOIR DE DIRE OUI

L'ARCHE DE NOË EST PRÊTE...
...MAIS ON ATTEND LA PLUIE !
cabu

LES DROITS DE L'HOMME ET DU BEAUF SONT MENACÉS SUR LES VOLS INTÉRIEURS !

AVEC DES RUGBYMEN J'VAIS ME MARRER!
ON NE PEUT PLUS FUMER!
ON NE PEUT PLUS BOIRE!
ON NE PEUT PLUS...
...POUR LE RESTE, PAS BESOIN DE REPRES-SION...
...LA PRÉVENTION SUFFIT!

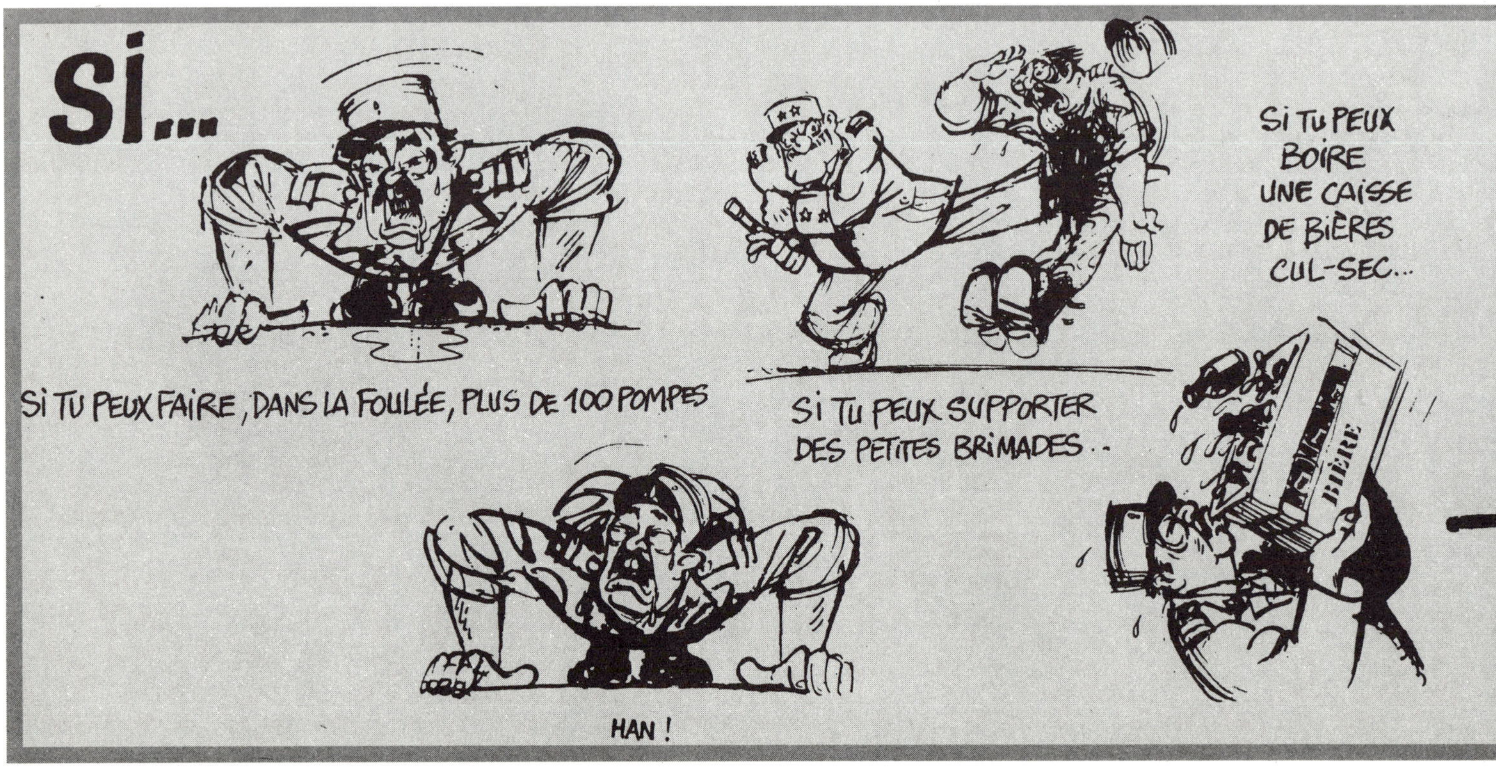
Si...
SI TU PEUX FAIRE, DANS LA FOULÉE, PLUS DE 100 POMPES
HAN!
SI TU PEUX SUPPORTER DES PETITES BRIMADES...
SI TU PEUX BOIRE UNE CAISSE DE BIÈRES CUL-SEC...
BIÈRE

MON BEAUF VEUT REVALORISER LA FONCTION ENSEIGNANTE

RASSEMBLEMENT
C'EST LA RENTRÉE
JE VAIS TE PRENDRE EN MAIN !..
TU FERAS CE QUE JE N'AI PAS PU FAIRE, MOI !..
TU SERAS PATRON !
CALCUL DICTÉE
DICTÉE CALCUL
HISTOI GÉOGRAPHIE
TU SERAS UN CHEF !

TU SERAS CAPABLE DE ME CALCULER MES AGIOS !.. TU ENTENDS, CRÉTIN ?
AH ! J'AI QUAND MÊME DES SATISFACTIONS ...
MON CHIEN REVIENT DE CHEZ SON DRESSEUR
MON CHIEN LUI, IL RÉALISE CE QUE JE VOULAIS FAIRE
VOUDRIEZ PAS FAIRE QUELQUES HEURES SUPPLÉMENTAIRES ?

SI TU SAIS FAIRE PARTAGER TA BONNE HUMEUR
SI TU PEUX PILLER SANS PEUR ET VIOLER SANS HAINE...
SI TU PEUX FAIRE DU VÉLO SANS BAISSER LA TÊTE
GÉGÈNE
...ALORS, TU SERAS UN HOMME, MON FILS !

MON BEAUF N'EST PLUS SEUL !

AVANT JE RASAIS LES MURS...
LES FACTEURS N'AVAIENT JAMAIS RIEN POUR MOI...
MÊME LA CROIX VITAFOR REFUSAIT DE M'EN VENDRE UNE
J'ÉTAIS TROP CON !
AUJOURD'HUI, GRÂCE À JEAN-MARIE, ENFIN JE REVIS !
J'OSE DIRE QUE JE SUIS CON !
J'OSE DIRE QUE JE SUIS RACISTE !!
MOI AUSSI ! MAINTENANT J'OSE !... J'OSE MONTRER MON FIBROMME !
NON !
AVANT, JE VOTAIS P.C MAIS ÇA PAYE PAS DE S'ATTAQUER AUX FORTS...
CONTRE LES EXPLOITEURS
ABATTONS LE GRAND CAPITAL !
...IL VAUT MIEUX S'ATTAQUER AUX PLUS FAIBLES... ET VOTER F.N
CONTRE LES EXPLOITÉS
DEHORS BASANÉS !
UN NOUVEL ESPOIR SE LÈVE
MERCI JEAN-MARIE !
L'INTERNATIONA-A-LE DES BEAUFS SERA LE GENRE HUMAIN !

QU'EST-CE QUE J'APPRENDS ?.. TU NE VEUX PLUS ÊTRE VIOLÉE ?
LES FEMMES DISENT
NON AU VIOL

PENDANT CE TEMPS-LÀ, À MURUROA ON MARIVAUDE...
COMBIEN ?
30 Mégatonnes !
... UN GAGE !

À LA TÉLÉ, JE SUIS POUR LES GANGSTERS
À LA TÉLÉ, JE SUIS POUR L'UTOPIE
À LA TÉLÉ, JE SUIS POUR LA VEUVE ET L'ORPHELIN
DANS LA VIE, JE SUIS TOUJOURS POUR LES FLICS
DANS LA VIE, JE SUIS POUR LE TAPIE
DANS LA VIE, JE PRENDS VEUVE ET JE LAISSE L'ORPHELIN
À LA TÉLÉ, JE PRÉFÈRE UN DÉSORDRE PLUTÔT QU'UNE INJUSTICE
À LA TÉLÉ, JE SUIS AVEC LES HARKIS
À LA TÉLÉ, JE SUIS CONTRE L'EXPLOITATION DES IMMIGRÉS CLANDESTINS
DANS LA VIE, JE PRENDS MA CARTE DU FRONT NATIONAL, CE QUI ME DISPENSE DE RÉFLÉCHIR
DANS LA VIE, JE SUIS UN ANCIEN D'ALGÉRIE FRANÇAISE", ALORS JE SUIS CONTRE !
DANS LA VIE, J'EXPLOITE DES CLANDESTINS... ET JE VOTE POUR LE PEN !!

SOYEZ BREF
(j'ai un cancer)

MERCI MONSIEUR BOUYGUES !

PATIENCE, LES ENFANTS DEMAIN, VOUS VERREZ LA MER
LA PLAGE OÙ JE FAISAIS MES CHATEAUX DE SABLE
PERSONNE NE LA CONNAIT MA PLAGE

ON ARRIVE !
P'PA ! JE VOIS UN CANADAIR !
...C'EST PAS UN CANADAIR C'EST UNE BÉTONNIÈRE !!
...VOLANTE !

QUE VEULENT LES MILITANTS DU FRONT NATIONAL ?
... SORTIR LE SOIR SANS AVOIR PEUR ...
LE PEN
cabu

MON BEAUF EN BANLIEUE

POURQUOI Y EN A QUE POUR LES JEUNES DES BANLIEUES À LA TÉLÉ ? MOI AUSSI J'PEUX TÉMOIGNER... J'AI ÉTÉ ...
TÉLÉ 7 JOURS
VIOLÉE 3 FOIS EN 3 ANS !
LÀ, ELLE SE VANTE UN PEU...
CAMBRIOLÉE 4 FOIS EN 4 ANS !
ASSASSINÉE 5 FOIS EN 5 ANS !
3,3,4,4,5,5... ...CROYEZ-VOUS QU'ILS M'AURAIENT FAIT GAGNER AU TIERCÉ POUR ME DÉDOMMAGER ?
...PENSEZ-VOUS !..

BIGEARD A DÉCLARÉ:
« JE VOUDRAIS QUE MES CENDRES SOIENT DISPERSÉES AU-DESSUS DE DIEN-BIEN-PHU »
J'AVAIS DIT: « MES CENDRES ! »
UNE GRANDE CONQUÊTE DES FEMMES !
DISCOTHÈQUE
LES CARS DU 3e ÂGE
ENTRÉE GRATUITE POUR LES FEMMES SEULES

MON BEAUF, LUI, NE JETTE PAS DE L'HUILE SUR LE FEU !

AUCUN DANGER!
CHEMERY
AUCUN DANGER!
CREYS-MALVILLE
AUCUN DANGER!
AUCUN DANGER!
BAGUE DANIELE GILBERT
AUCUN DANGER!
McDonald's
AUCUN DANGER!
AUCUN DANGER!
MURUROA!
J'AI TROUVÉ UN NOM POUR MON BISTROT!
AUCUN DANGER
ET ÇA NE DÉSEMPLIT PAS!
...ET ICI, ON N'EST PAS OBLIGÉ DE CONSOMMER AVEC MODÉRATION!

La Culture, remède à la Crise...
TROP TARD! ON NE SAIT PLUS LIRE!

J'AI TOUJOURS ÉTÉ ÉCOLO...

LE NUCLÉAIRE OU LA BOUGIE
LA BOUGIE!
Album de famille
EN ALGÉRIE J'ÉTAIS UN ÉCOLO...
LA GÉGÈNE, Y A RIEN DE PLUS ÉCOLO...
GÉGÈNE
ET LE VÉLO... CHAQUE DIMANCHE ...
...JE FAIS LE TOUR DE LA CENTRALE NUCLÉAIRE
À VÉLO
À L'ÉCOLE, JE FUMAIS DE L'EUCALYPTUS
J'ARRACHAIS LES AILES DES HANNETONS MAIS JE LEUR
...POSAIS DES PROTHÈSES
ET MON PUITS EN PNEUS?
C'EST POUR PRÉSERVER LA NAPPE PHRÉATIQUE... TOC!
JE BOUFFE DU SURGELÉ PAR SOLIDARITÉ ENVERS LES ESQUIMAUX
ET LES BÉBÉS PHOQUES
J'AIME LE NATUREL
C'EST POUR ÇA QUE...
boucherie bernard
J'INTERDIS À MA FEMME DE SE FAIRE UN LIFTING...
ÇA, C'EST MOI QUAND J'ÉTAIS ÉCOLO... EN 77
(AU S.A.C) POUR INFILTRER LES ÉCOLOS...

CONTE DE NOËL POUR MON BEAUF

IL FAUT GUILLOTINER TOUS LES GRÉVISTES PLACE DE GRÈVE !
JE HAIS LA TERRE ENTIÈRE SURTOUT LES ARABES ET
VOILA. J'AI DEUX PLACES POUR TRENET. MA NANA NE VIENT PAS. J'EN FAIS PROFITER LE PREMIER VENU...
QUE VALENT NOS PETITES MESQUINERIES DEVANT CET OURAGAN DE JOIE, D'INTELLIGENCE, D'HUMOUR ET DE SENSIBILITÉ ?
ET DE SWING !
AUCUN HOMME N'EST VRAIMENT MAUVAIS TANT QU'IL N'A PAS VU TRENET !

MOINS DE CRÉDIT
POUR LA RECHERCHE SUR LE CANCER
MAIS JE CRÈVE HEUREUX PARCE QUE L'ARMÉE FRANÇAISE SERA DOTÉE D'UN NOUVEAU FUSIL PLUS PERFORMANT...

BIGEARD CANDIDAT À VERDUN
MON PROGRAMME: DEBOUT LES MORTS POUR LA PROCHAINE !

ADJUDANT KRONENBOURG : NE PAS DÉMORALISER L'ARRIÈRE !

EN RÉPONSE AUX CARTES POSTALES DE SOUTIEN ENVOYÉES PAR LES CIVILS EN FRANCE... PRENEZ LA DICTÉE !..
LE MORAL EST BON
LE SOLEIL EST CHAUD
C'EST QUOI ÇA ?
HEU... J'ÉCRIS À MA FIANCÉE... M'N'ADJUDANT
BON !.. MODÈLE UNIQUE DE LETTRE À VOS FIANCÉES !.. ÉCRIVEZ !
LE MORAL EST BON
MOUAIS.. QUAND NOUS SERONS AU POUVOIR, NOUS RETIRERONS LA NATIONALITÉ FRANÇAISE À TOUS CEUX QUI FERONT PLUS DE CENT FAUTES À LA DICTÉE DE PIVOT !

TOILETTES
ALLO, MÉNIE GREGOIRE ? MON RÉFUGIÉ AFGHAN A FOUTU EN CLOQUE MA RÉFUGIÉE VIETNAMIENNE !

LE GRAND BLOND AVEC UNE CHEMISE NOIRE

QUEL MOT D'ORDRE VA-T-IL DONNER ?
DEHORS
REPEINDRE LES BOITES AUX LETTRES ET LES CAGES D'ESCALIERS ?
BOUTONS LES ANGLAIS HORS DE FRANCE !
POURQUOI ? Y A BEAUCOUP DE JUIFS ANGLAIS ?
TONDRE LES ZAZOUS DU T.N.P. ?
POUR LA NUIT DES LONGS COUTEAUX
LE MOT D'ORDRE SERA : "OPINEL" !

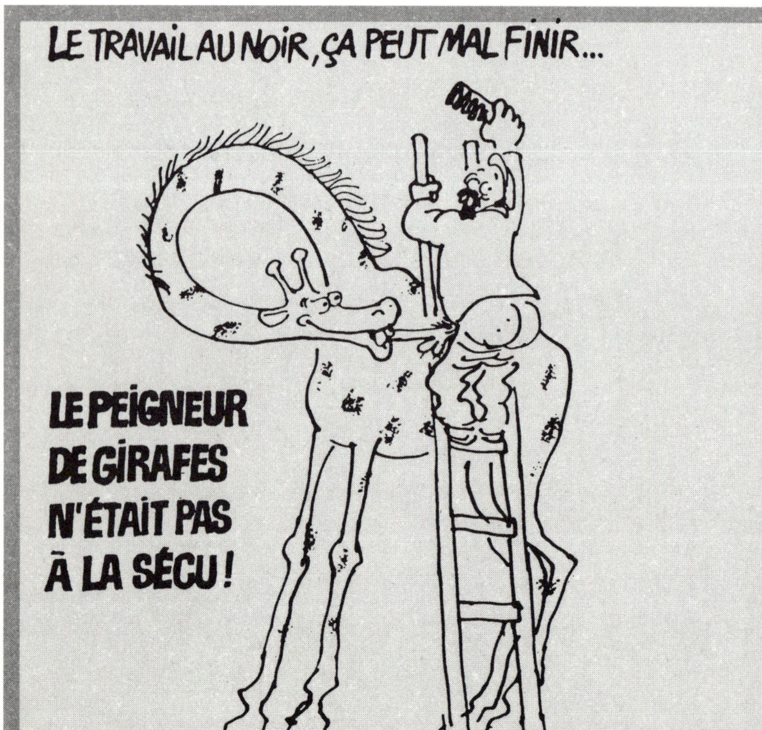

LE TRAVAIL AU NOIR, ÇA PEUT MAL FINIR...
LE PEIGNEUR DE GIRAFES N'ÉTAIT PAS À LA SÉCU !

LA FRANCE
C'EST PAS SEULEMENT DU CHAMPAGNE ET DES PARFUMS
C'EST AUSSI UNE MARCHANDE DE CANONS !

LA FRANCE CONTRE L'ANTI-FRANCE

C'EST MOU LE DISCOURS DE MITTERRAND AUX MILITAIRES ...
VALMY
MOI, JE LEUR AURAIS DIT...
C'EST VRAI ! LA NATION N'A PAS ASSEZ DE CONSIDÉRATION POUR SES MILITAIRES
LE BUDGET DE L'ARMÉE NE REPRÉSENTE QUE UN CINQUIÈME DU BUDGET DE LA FRANCE !.. C'EST UN SCANDALE ! QUAND PRENEZ-VOUS LE POUVOIR ?
C'EST NUL MOI, JE LEUR AURAIS DIT...
L'ARMÉE DE VALMY ÉTAIT UNE ARMÉE DE LOQUETEUX ET ELLE A GAGNÉ !..
...VOUS, AVEC TOUT VOTRE QUINCAILLERIE, ÇA FAIT COMBIEN DE TEMPS QUE VOUS N'AVEZ PAS GAGNÉ UNE GUERRE ?
VALMY ! IL FAUT REMONTER À VALMY POUR TROUVER UNE VICTOIRE DE L'ARMÉE FRANÇAISE !
TIENS EN V'LA UNE AUTRE

POUR UNE JUSTICE PLUS HUMAINE...
LES AMIS DE NOS AMIS SONT NOS AMIS...

L'APRÈS ROLAND-GARROS CHEZ MON BEAUF

ÉGOÏSTE!
FEIGNANT!
QUAND JE PENSE QUE NOAH GÂTE SES PARENTS...
QUAND JE PENSE...
...QUE LA PETITE CAPRIANI OFFRE À SES PARENTS UNE VIE DE MILLIARDAIRE
QUAND JE PENSE...
...QUE LA PETITE MONICA SELES A ACHETÉ UN YATCH POUR SON PAPA ET SA MAMAN!..
ET QUE TOI, TU ES TOUJOURS EN 1ère ANNÉE DE JOKARY!
C'EST MALHEUREUX! VA FALLOIR LE DOPER!

ENCORE UN GUÉRISSEUR-ESCROC EN FUITE
JE FUS LA PREMIÈRE VICTIME DE CET ESCROC!
ON RECHERCHE
WANTED
SIGNALEMENT:

MON BEAUF EST UNE VICTIME

MOI AUSSI, J'AI UN PEU TORTURÉ EN ALGÉRIE...
ANCIENS D'ALGÉRI
RAOUSTE! ON VEUT PAS D'UNE ENQUÊTE D'AMNESTY...
MOI AUSSI, MON EX-FEMME ME CHERCHE DES POUX
MOI AUSSI J'AI DIT DES PHRASES MALHEUREUSES...
JE NE T'APPELLERAI PLUS "BERGER NAZI" MAIS BERGER ALLEMAND!
MOI AUSSI J'AI VOULU FAIRE UN PETIT HÉRITAGE...
MOI AUSSI J'AI TOUCHÉ DE L'ARGENT D'UNE SECTE (MÊME SI C'EST PAS MOON.)
LOTO
MAIS MOI, TOUT ME RETOMBE SUR LE DOS... JE N'AI PAS LA GRÂCE...
J'AI LE DON DE TRANSFORMER LA MERDE EN PLOMB...
...CERTAINS LA TRANSFORMENT EN OR!
PLUS VOUS DIREZ DU MAL DE MOI, PLUS ÇA ME FERA DE LA PUB!

LE JOURNAL DE "L'UNION PACIFISTE":
60 MILLIONS D'ABONNÉS!
JE N'AI QU'UN SEUL REGRET C'EST DE NE PAS M'ÊTRE ABONNÉ PLUS TÔT!
AUX MORTS DE 39-45
BUT! FERNANDE! BUT!

APRÈS LE GOÛT DU CRIME, LES ICE CREAM

MON NEVEU VIENT DE DÉBARQUER... IL EST SOUS-MARINIER SUR LE "REDOUTABLE"
DEUX MOIS ET DEMI EN MER : IL DÉCOUVRE LES BOULEVERSEMENTS À L'EST !
MAIS ALORS... ON N'A PLUS D'ENNEMI
VA FALLOIR SE RECYCLER !
MAIS LA SIDERURGIE A-PUS ...
LES CHANTIERS NAVALS A-PUS
L'AGRICULTURE A-PUS !
LA FRANCE EST COUVERTE DE BASES ET DE CENTRALES NUCLÉAIRES...
LE BUDGET DE L'ARMÉE A TOUT BOUFFÉ...
ET PENDANT CE TEMPS-LÀ L'ALLEMAGNE ET LE JAPON .....
AH ! SI ! ON A UN DISNEY-LAND ...
DISNEY VA BIENTÔT DEMANDER À LA FRANCE DE DÉSARMER
LES EUROPÉENS AURAIENT TROP PEUR DE VENIR
CHEZ NOUS À DISNEY-LAND !

IL Y A ENCORE DE LA BELLE JEUNESSE !
DEPUIS QUE J'AI LE SIDA, MA VIE A UN SENS : JE ME SUIS FIXÉ COMME OBJECTIF D'ANÉANTIR TOUT UN RÉGIMENT À MOI TOUT SEUL !
LES DÉPUTÉS ONT VOTÉ ENCORE PLUS DE POGNON POUR L'ARMÉE
PAS UN POUR RACHETER L'AUTRE !

QUAND LES VIEUX CONS RENCONTRENT LES JEUNES CONS

LE COMMUNISME ÇA POUVAIT PAS MARCHER
QUAND T'ES PAUVRE, TU VEUX PAS L'ÉGALITÉ TU VEUX ÊTRE RICHE ! C'EST TOUT !
LE CAPITALISME, ÇA MARCHERA TOUJOURS
C'EST COMME LE BIZUTHAGE : T'EN BAVES, MAIS TU TE DIS UN JOUR J'EN FERAI BAVER AUX AUTRES...
JE DOIS VOUS EMBRASSER MONSIEUR C'EST POUR UN BIZUTHAGE
OUMPF
JE NE SOUHAITE ÇA À PERSONNE PAS MÊME À MON PIRE ENNEMI !
HOLA ! VA FALLOIR DÉ-MARXISER LES JEUNES !

ON NE FAIT RIEN POUR FAIRE VOTER LES NAINS !

20 ANS ! C'EST LE BEL ÂGE !!
INSOUMIS !
OBJECTEUR !
REFRACTAIRE !
RÉFORMÉ POUR INCONTINENCE !

LES AVENTURES DE JACQUOU-LE-CROQUEUR

MOI, À NICE, J'AVAIS PEUR DE PERSONNE... PRÉFETS OU MINISTRES, ILS VENAIENT TOUS ME MANGER DANS LA MAIN!
J'ÉTAIS LE KADOR!
UN FRANÇAIS AVEC UN FUSIL! IL ARRIVE!
C'EST MICHEL DROIT! JE SUIS FOUTU! CACHEZ-MOI!

PEUT-ON RIRE DE LA MORT?
ELLE A PAS DE CULOTTE!
LES SOLDATS FRANÇAIS QUITTENT LE GABON
JE ME SUIS PAS RETIRÉ ASSEZ VITE!

MON BEAUF SUIT LES COURS DU SOIR DU FRONT NATIONAL

INVESTISSEZ LES MÉDIAS!
Le cavalier seul du Figaro, j'espère qu'il monte pas sur un cheval arabe…
D'ABORD LES AMIS… LE COURRIER DES LECTEURS DU "FIGARO"
ENSUITE "LES AUDITEURS ONT LA PAROLE" SUR R.T.L.
ROSA LUXEMBOURG C'EST DE LA MÊME FAMILLE?
LE SONDAGE DE LA 5…
ET AUSSI "AVIS DE RECHERCHE"
NOUS AVONS RETROUVÉ LE FELLAGAH QUE VOUS AVIEZ TORTURÉ…
VOUS AVEZ JOUÉ VOTRE NUMÉRO DE CARTE DU FRONT NATIONAL ET VOUS AVEZ GAGNÉ!
LA ROUE DE LA FORTUNE
EN ATTENDANT LE SUPPLICE DE LA ROUE POUR LES ÉTRANGERS
ET AUSSI LE MAGE DE R.T.L : MONSIEUR, VOUS M'AVEZ DEMANDÉ LE THÈME ASTRAL DE VOTRE VOISIN…
MOHAMED
MAIS LA MEILLEURE COMMUNICATION RESTE LE PORTE-À-PORTE…
BONJOUR MADAME JE VIENS VOUS PROPOSER UN MAGNÉTOSCOPE À 20.000 FRANCS…
MON PAUVRE MONSIEUR, PERSONNE NE PEUT S'ACHETER ÇA PAR ICI…
C'EST BIZARRE VOTRE VOISIN VIENT DE M'EN ACHETER UN…
QUOI? L'ARABE?
OUI!
EN PARTANT, IL SUFFIT DE DÉPOSER UN TRACT DU F.N DANS LA BOITE DE LA DAME…
ILS VIENNENT MANGER NOTRE PAIN!
«LE 21e SIÈCLE SERA LE SIÈCLE DE LA COMMUNICATION, A DIT MAC LUHAN…
…IL EST PAS JUIF, CE MAC LUHAN?

T'AS PAS DE POT!
LE CANCER FRAPPE D'ABORD LES GENS EXEMPLAIRES

MON BEAUF, L'HOMME DE L'ANNÉE !

JE VAIS VOUS MONTRER MA RÉTROSPECTIVE DE L'ANNÉE !
TENEZ !
LE JOUR OÙ J'AI FAIT DU SAUT À L'ÉLASTIQUE AVEC UN PRÉSERVATIF
LE JOUR OÙ J'AI SERRÉ LA MAIN DE BELMONDO
... ET JE ME SUIS FAIT MORDRE PAR SON CHIEN !
LE JOUR OÙ LA SAINTE VIERGE M'EST APPARUE...
C'ÉTAIT LE JOUR OÙ J'AI ARROSÉ LE DÉPART DE L'ADJUDANT KRONENBOURG POUR LE GOLFE...
LE JOUR OÙ J'AI TENTÉ DE SOUDOYER LUCIEN JEUNESSE...
AU JEU DES MILLE FRANCS
LE JOUR OÙ J'AI PRIS L'AUTOROUTE À CONTRE-SENS...
DAKAR-PARIS ! RECORD BATTU !
DEPUIS, JE NE BOIS PLUS... ET JE M'ANGOISSE...
... À L'IDÉE QUE JE N'AURAI RIEN À RACONTER DANS MA RÉTROSPECTIVE DE L'AN PROCHAIN !

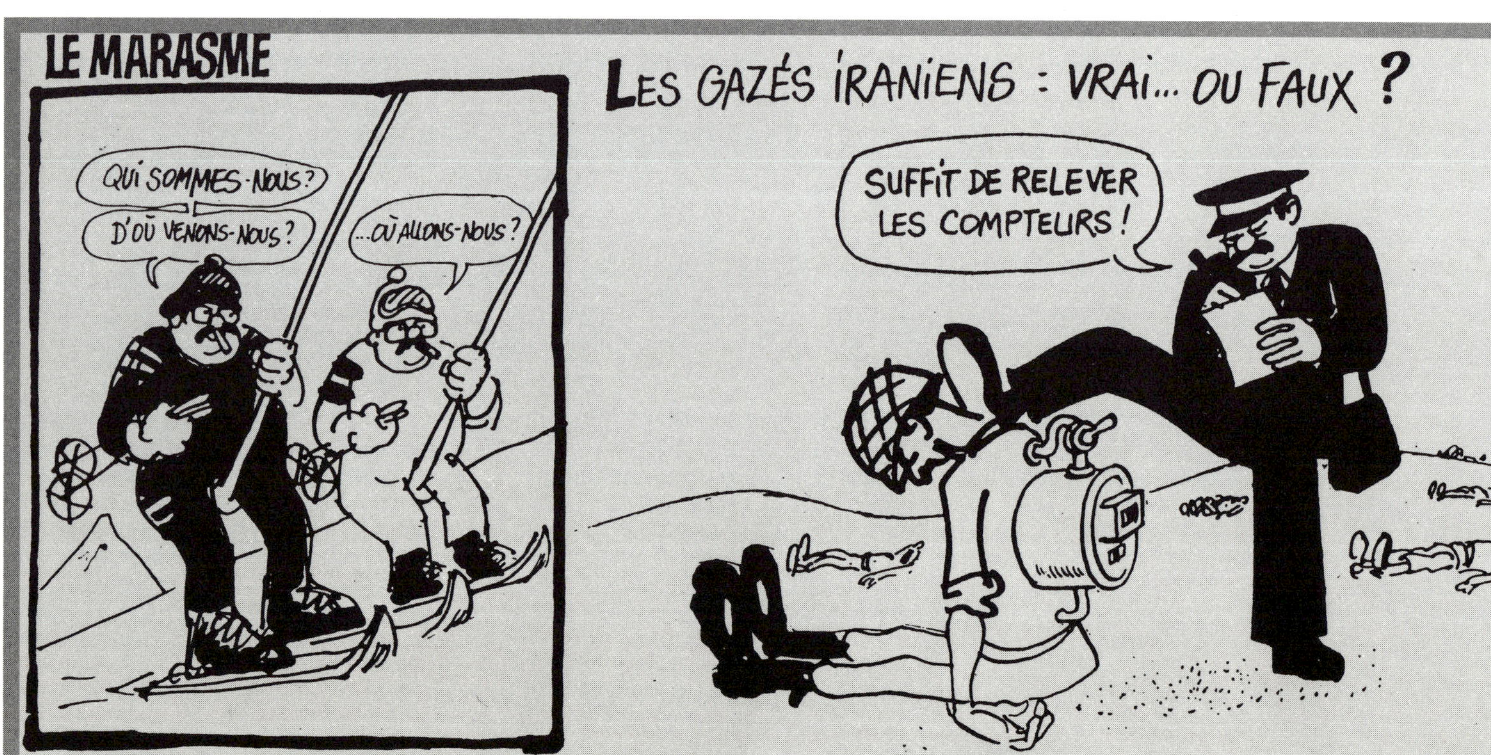

LE MARASME
QUI SOMMES-NOUS ?
D'OÙ VENONS-NOUS ?
... OÙ ALLONS-NOUS ?
LES GAZÉS IRANIENS : VRAI... OU FAUX ?
SUFFIT DE RELEVER LES COMPTEURS !

LA CORSE BON MARCHÉ

ANNULER NOTRE RÉSERVATION EN CORSE ?
LA CORSE EN ÉBULLITION
essence
vacances
POURTANT... SI GENTILS LES CORSES... ...ET C'EST PAS CHER, LÀ-BAS...
LE PANIER DE LA MÉNAGÈRE, D'ABORD !
AH! AH! ILS SONT TAQUINS CES CORSES !
LA KRONENBOURG À MOITIÉ PRIX !
LES ARMES POUR RIEN...
LES DISQUES DE SERGE LAMA AU PRIX DE GROS !...
LES INCENDIES DE FORÊT... À L'ŒIL
ET MA FEMME... MASCOTTE DE LA LÉGION ÉTRANGÈRE ...
CAR NOUS PASSONS TOUTES NOS VACANCES DANS UNE CASERNE CORSE ....
NOUS SOUS-LOUONS À UN CAPORAL-CHEF DE LA LÉGION !
ET C'EST DONNÉ !

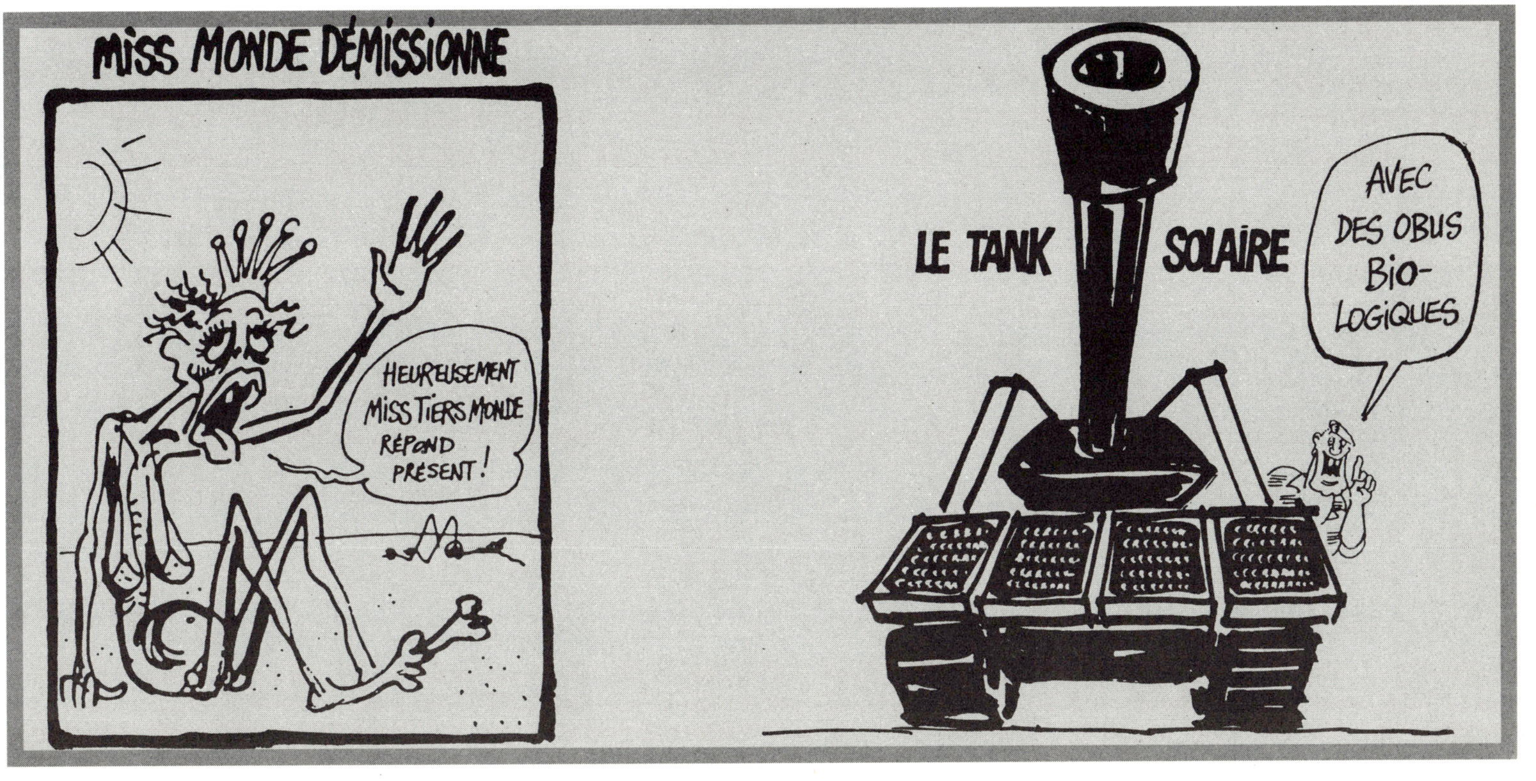
MISS MONDE DÉMISSIONNE
HEUREUSEMENT MISS TIERS MONDE RÉPOND PRÉSENT !
LE TANK SOLAIRE
AVEC DES OBUS BIO-LOGIQUES

POUR LE DROIT AU CANCER

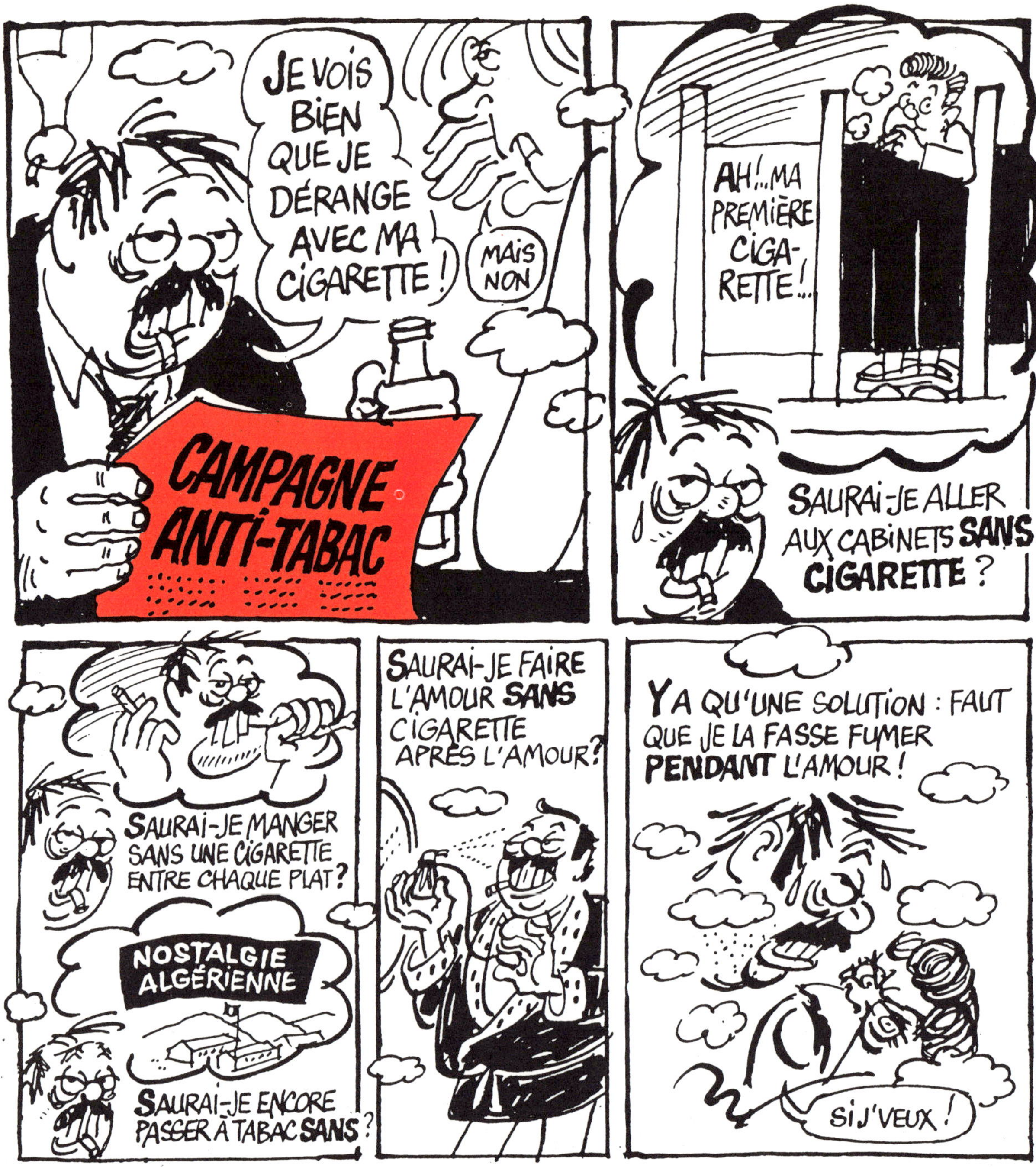

JE VOIS BIEN QUE JE DÉRANGE AVEC MA CIGARETTE !
MAIS NON
CAMPAGNE ANTI-TABAC
AH !... MA PREMIÈRE CIGARETTE !...
SAURAI-JE ALLER AUX CABINETS SANS CIGARETTE ?
SAURAI-JE MANGER SANS UNE CIGARETTE ENTRE CHAQUE PLAT ?
NOSTALGIE ALGÉRIENNE
SAURAI-JE ENCORE PASSER À TABAC SANS ?
SAURAI-JE FAIRE L'AMOUR SANS CIGARETTE APRÈS L'AMOUR ?
Y A QU'UNE SOLUTION : FAUT QUE JE LA FASSE FUMER PENDANT L'AMOUR !
SI J'VEUX !

Mes idées sont les vôtres
votez LE PEN
...JE LE CROYAIS PLUS INTELLIGENT QUE ÇA !

CIVILS ! VOUS NE VOULEZ PAS CREVER ?
ENGAGEZ-VOUS
DANS L'ARMÉE, N'IMPORTE QUELLE ARMÉE !

LA POLITIQUE DE LA TERRE BRÛLÉE

UN SEUL MOT D'ORDRE, PARTOUT : LA PRÉFÉRENCE NATIONALE !
LOTO
POUR L'EMPLOI, L'HABITAT, LA SÉCU : PRÉFÉRENCE NATIONALE !
POUR L'ENVIRONNEMENT JE SUIS MOINS DIFFICILE
DUNLOP
GOODYEAR
JE RASE LES HAIES JE COUPE LES ARBRES JE SALOPE LES RIVIÈRES...
J'EN PROFITE : JE SUIS CHEZ MOI
JE CONTINUE D'ACHETER DES BOMBES AÉROSOLS : L'OZONE RIEN À FOUTRE
JE FAIS PÉTER MES BOMBES À MURUROA
...LÀ-BAS, JE SUIS ENCORE CHEZ MOI !
ET JE RETRAITE LES DÉCHETS NUCLÉAIRES À LA HAGUE !
LES PLUIES ACIDES M'EN FOUS... J'ACHÈTE DES ARBRES EN PLASTIQUE
ET JE SERAI LE DERNIER À ME CONVERTIR À L'ESSENCE SANS PLOMB
OUI ! JE POLLUE FRANÇAIS POUR EMMERDER LES ÉCOLOS... PAYÉS PAR MOSCOU !
MERDE !.. "FABRIQUÉ À TAÏWAN" !

LA DERNIÈRE PÉTITION DE SARTRE
CONTRE LA MORT !
AUX CHIOTTES L'ARMÉE !
MAMAN ! ON ME DÉMORALISE !

DU TRAVAIL
POUR
LES JEUNES !

OUI JE FUME!
OUI JE BOIS!
OUI JE LIS DES BÊTISES!
Roman photo
OUI J'ÉCOUTE DES CONNERIES
ET JE SUIS ENCEINTE!
TOUT ÇA PAR CONTRAT AVEC MONSIEUR!
JE SUIS MÈRE-PORTEUSE... ET JE FABRIQUE UN BÉBÉ POUR MONSIEUR MON BEAUF
ÇA VOUS DÉFRISE QUE MON FUTUR BÉBÉ RESSEMBLE À SON PÈRE ?

LE GOULAG...
Y A AUSSI DES BONS CÔTÉS
C'EST UN PARADIS FISCAL

RETOUR DE VACANCES
ON LE REPREND ?

MON BEAUF ET L'ACTION HUMANITAIRE

JE VEUX BIEN DONNER MAIS JE VEUX SAVOIR À QUI...
...À MIREILLE MATHIEU, J'VEUX BIEN... POUR ÉLEVER SON 17e PETIT FRÈRE...
...À GAINSBOURG POUR RÉÉDUQUER SA PETITE VOLEUSE
ELLE ME PIQUE TOUS MES RASOIRS
...À LINE RENAUD POUR SAUVER LES DINDES DE NOËL
...À L'ABBÉ PIERRE POUR ÉLEVER L'ENFANT QU'IL A EU AVEC MÈRE TERÈSA...
...À RIKA ZARAÏ POUR SAUVER LES PORTE FEUILLES...
NON : LES TRÈFLES À QUATRE FEUILLES !
À SACHA DISTEL POUR LA PROTECTION DES MISS FRANCE"
MISS FRANCE
JE VOUS RACCOMPAGNE DANS MA B.M.W ?
FINALEMENT, JE DONNERAI POUR LES PUPILLES DE LA NATION... SI ! Y EN A ENCORE : LE FILS DU Ct PRIEUR...
...LA VRAIE-FAUSSE MADAME TURANGE...

MON CAPITAINE ! JE VEUX MOURIR POUR LA FRANCE C'EST MA PATRIE ! C'EST MA MÈRE !
RÉFORMÉ ! PAS DE DINGUE À L'ARMÉE !

MON BEAUF EST UN DÉMOCRATE

FACHO ? MOI ?
PAS DU TOUT ! TIENS ! JE SUIS PRÊT À PRENDRE CE QU'IL Y A DE MEILLEUR DANS TOUS LES PARTIS !
JE VEUX BIEN ÊTRE SOCIALISTE PENDANT UN AN... POUR ME FAIRE SAUTER MES CONTRAVENTIONS...
VIVE L'AMNISTIE !
J'ACCEPTERAIS MÊME D'ÊTRE COMMUNISTE POUR BÉNÉFICIER DE LA SOCIALISATION DES RISQUES
MAIS EN MÊME TEMPS
PROFITER DE LA LIBÉRALISATION DES PROFITS !
TIENS ! J'VEUX BIEN ÊTRE ÉCOLO PENDANT UN AN
C'EST LONG DE RAMASSER LES PAPIERS PENDANT UN AN...
MAIS JE VEUX AUSSI BÉNÉFICIER DES AVANTAGES DU FRONT NATIONAL
BUREAU DE VOTE FERMÉ
C'EST PAS DE MA FAUTE SI LEUR PREMIÈRE DÉCISION A ÉTÉ DE SUPPRIMER LES ÉLECTIONS !

LES INTELLECTUELS, LEVEZ LE DOIGT !...
...BON !.. CORVÉE DE CHIOTTES !
LE PÉRIL JEUNE
TIRE PAS PAPA, PENSE À MAMAN
TU M'ATTENDRIRAS PAS AVEC DES HISTOIRES DE BONNES FEMMES !

POLE POSITION ! POLE POSITION !
PROST
JAMAIS T'AS ÉTÉ EN POLE POSITION, TOI !
...NI AU LIT...
...NI AU BOULOT...
PÔLE NORD POSITION !
NI À L'ARMÉE
B.M.C
NI À L'ÉCOLE
SI ! À L'ÉCOLE J'ÉTAIS EN POLE POSITION
SI !...AU VOLANT JE SUIS EN POLE POSITION ...
...QUAND JE TE BOUCLE DANS LA CARAVANE !

MON BEAUF EST OBSÉDÉ PAR ALAIN PROST !

LE BUDGET DE L'ARMÉE DÉPASSE LE BUDGET DE L'ÉDUCATION
RIEN POUR L'ÉCOLE TOUT COURT
TOUT POUR L'ÉCOLE DU
CENSURÉ !

EN FRANCE, ON N'A PAS DE PÉTROLE MAIS ON A DES GROS CONS !
VOUS PARLEZ DE NOS SUPPORTERS ?
XV DE FRANCE

MONSIEUR MON BEAUF, JE N'APPROUVE PAS TOUTES LES IDÉES DE MONSIEUR LE PEN, MAIS JE VOUS RESPECTE EN TANT QU'ÉLECTEUR...
MOI AUSSI

GONZESSE!
PÉDÉ!
SANS COUILLE!
INSOUMIS!

MONSIEUR MON BEAUF ! LES IDÉES DE LE PEN ME DONNENT LA NAUSÉE, ET VOUS, VOUS ME FAITES VOMIR !
J'ÉTAIS LE SEUL À POUVOIR CRÉER UN CONSENSUS POUR SAUVER LA FRANCE... ET VOUS FAITES TOUT CAPOTER...

LE BUDGET DE L'ARMÉE DÉPASSE LE BUDGET DE L'ÉDUCATION
NORMAL ! J'AI PAS UNE GUEULE D'INSTIT MOI !

RENTRÉE : UN BEAUF, DEUX BEAUFS, TROIS BEAUFS...

Le dur métier d'un journaliste localier face aux potentats locaux...
VOUS N'AVEZ PAS PUBLIÉ MA LETTRE ANONYME !... VOUS N'AUREZ PLUS DE FAITS DIVERS !
LES CHIENS ÉCRASÉS, VOUS IREZ LES CHERCHER À BEYROUTH !
VOUS N'AVEZ PAS PUBLIÉ LE COMMUNIQUÉ DU ROTARY-CLUB !... ON VA VOUS COUPER LES VIVRES !
VOUS N'AURIEZ PAS DÛ PUBLIER VOTRE ARTICLE SUR MON USINE D'ARMEMENT
ÇA VA VOUS COÛTER CHER D'AVOIR PUBLIÉ CET ARTICLE SUR MA CLINIQUE DE RAJEUNISSEMENT
VOUS N'AVEZ PAS PUBLIÉ LA PHOTO DE MON PLUS GROS BROCHET !
VOUS NE PUBLIEREZ RIEN SUR LA GESTION DE MON CLUB !
NON !
SI TU NE PASSES PAS MA LETTRE ANONYME, JE VAIS TE FOURNIR EN FAITS DIVERS, MOI !
l'union
JOURNAL ISSU
LA RÉSISTANC

C'EST PAS DE MA FAUTE, VOUS SAVEZ... SI JE SUIS COMME ÇA, C'EST À CAUSE DE MES GÈNES...
HEU... SOYEZ SÛR QUE JE COMPATIS GRANDEMENT !
PLUS BESOIN DE CROIRE EN DIEU ... AU PAPE, ÇA SUFFIT !

IL FAUT DONNER DU TEMPS AU TEMPS !

LE PEN ! LE PEN !
EST-CE QUE MES MÉDICAMENTS DE CONFORT SERONT REMBOURSÉS ?
LE PEN... BON... MAIS EST-CE QUE NOS RETRAITES SERONT PAYÉES ?
LE TOUR DE FRANCE PARTIRA-T-IL D'ALGER ?
MON DENTISTE ME REFILERA-T-IL LE SIDA ?

LE PEN !
LE MISSILE À ROULETTES SERA-T-IL SAUVÉ ?
MON STUDIO À "MERLIN-PLAGE" VAUDRA-T-IL ENCORE QUELQUE CHOSE ?
LE PEN !
STÉPHANIE TROUVERA-T-ELLE LE BONHEUR ?
AH ! IL VOUS A FALLU DIX ANS POUR ÉCOUTER LES ÉCOLOS !
C'EST RIEN ! IL NOUS A FALLU DIX SIÈCLES POUR EXHUMER L'IDÉOLOGIE DU MOYEN ÂGE !..

LA PREMIÈRE REVENDICATION DES CORSES :
NAPOLÉON À DOUAUMONT !
ON NE NOUS MONTRE PLUS QUE DES PAUVRES !
C'EST POUR QU'ON S'HABITUE À LA PAUVRETÉ !

Imprimé
en France
sur une maquette de
Marie-Claire du Cailar
pour le compte du
Cherche Midi Éditeur

N° d'éditeur : 231
Dépôt légal : avril 1992
ISBN 2.86274.231.7